DIE GRIECHISCHE LANDSCHILDKRÖTE
TESTUDO HERMANNI BOETTGERI

Michael Schardt

Früher ein weit verbreitetes „Haustier", das sein legendäres Alter dann nur selten erreichte: die Griechische Landschildkröte Foto: M. Schardt

Inhalt

Bildnachweis:
Titelbild: *Testudo hermanni boettgeri*, Foto: B. Trapp
Kleines Bild: *Testudo hermanni boettgeri*, Foto: B. Trapp
Seite 1: *Testudo hermanni boettgeri*, Foto: B. Trapp

ISBN 978-3-937285-93-1

 Natur und Tier - Verlag GmbH
An der Kleimannbrücke 39/41
48157 Münster
www.ms-verlag.de

Geschäftsführung: Matthias Schmidt
Lektorat: Heiko Werning,
Mike Zawadzki & Kriton Kunz
Layout: Astrid Hilbert
Druck: Druckhaus Fromm, Osnabrück

Vorwort

DIE Griechische Landschildkröte gehört zu den beliebtesten und regelmäßig nachgezüchteten Reptilien. Nicht nur unter Terrarienfreunden, auch in der breiten Bevölkerung erfreuen die Tiere sich größter Beliebtheit – nicht immer zu ihrem Vorteil leider, denn zu ihrer richtigen Haltung benötigt man doch einiges Fachwissen. Von allen Wirbeltieren haben Landschildkröten insgesamt die höchste Lebenserwartung, und auch die Griechische Landschildkröte erreicht häufig ein stattliches Alter, was bei der Anschaffung dieser Tiere auf jeden Fall berücksich-

Jungtiere: Die Griechische Landschildkröte wird heute regelmäßig in ausreichenden Stückzahlen nachgezüchtet. Foto: M. Schardt

tigt werden sollte. So sind Altersangaben von 40–50 Jahren durchaus keine Seltenheit mehr. Jeder, der sich ein solches Tier anschafft, sollte also wissen, dass dies sozusagen eine Entscheidung fast für das ganze Leben ist. In den 1950er- bis 1970er-Jahren, als die Griechische Landschildkröte in großen Mengen nach Deutschland eingeführt wurde, war der Wissensstand über ihre Lebensweise, Ernährung und Bedürfnisse recht gering, sodass sehr viele Tiere einer falschen Haltung langsam, aber sicher zum Opfer fielen. Im Vergleich zur damaligen Zeit gilt die Griechische Landschildkröte heute mittlerweile als eine Art, deren Ansprüche sehr gut bekannt sind, sodass Haltungsfehler eigentlich nicht mehr vorkommen sollten. Hinzu kommt, dass die Tiere durch ihren Schutzstatus und den relativ hohen Preis zum Glück nicht mehr einfach so „verschleudert“ werden. Dennoch kaufen auch heute noch viele Unbedarfte eine „putzige kleine Schildkröte“, ohne eine Vorstellung davon zu haben, was da auf sie zukommt.

In diesem Buch möchte ich meine fast drei Jahrzehnte lange Erfahrung zur Haltung und zur Nachzucht dieser sympathischen Schildkröte wiedergeben und dem angehenden Schildkrötenliebhaber helfen, seine Tiere ihren Bedürfnissen entsprechend zu pflegen, aufzuziehen und mit ihnen schließlich selbst erfolgreich nachzuzüchten.

Michael Schardt

Pohlheim, im Frühjahr 2007

Verwandtschaft

DIE Griechische Landschildkröte wurde von GMELIN 1789 als *Testudo hermanni* beschrieben.

Dieser Name wurde damals sowohl für Exemplare der östlichen als auch der westlichen Populationen verwendet. Der

Holotyp, also das Exemplar, anhand dessen die Art beschrieben war, war anschließend verschollen, die Typuslokalität (also der Ort, von dem der Holotypus stammt) unbekannt. Man nahm jedoch an, dass sie im östlichen Teil des Verbreitungsgebietes lag.

WERMUTH (1952) untersuchte Exemplare von den Balearen und stellte Unterschiede der west-

Adultes Weibchen Foto: M. Schardt

Porträt Foto: M. Schardt

WUSSTEN SIE SCHON?
Die Taxonomie der Griechischen Landschildkröten und ihrer nahen Verwandten ist Gegenstand intensiver Forschung und Diskussionen. Teilweise wird die Griechische Landschildkröte auch als eigene Art *Testudo boettgeri* betrachtet. Dasselbe gilt für die zwischenzeitlich beschriebene dritte Unterart von *Testudo hermanni*, *Testudo hermanni hercegowinensis*. Ausführliche Informationen zu dieser kontroversen Forschungsmaterie können Sie bei ROGNER (2005) nachlesen.

lichen von den östlichen Tieren fest, die die Aufstellung einer Unterart rechtfertigten. Diese „Westrasse“ beschrieb er zu Ehren von Prof. Robert Mertens als *Testudo hermanni robertmertensi*. Damit wurden die Exemplare aus dem östlichen Verbreitungsgebiet, also z. B. Griechenland und dem Balkan, zur Nominatform *Testudo hermanni hermanni.*

Erst 1987 konnte Bour nachweisen, dass Gmelins Erstbeschreibung von 1789 auf Exemplaren aus dem Süden Frankreichs basierte, und nicht wie bis dahin angenommen auf Tieren aus dem östlichen Verbreitungsgebiet. Das Regelwerk der zoologischen Nomenklatur machte es erforderlich, deshalb nun die „Westrasse" als Nominatform (*Testudo h. hermanni*) zu betrachten, wodurch *T. h. robertmertensi* zum Synonym (also zu einem nicht mehr gültigen „Doppelnamen") wurde. Die „Ostrasse" dagegen benötigte nun einen neuen Namen. Hierfür stand eine Beschreibung aus dem Jahr 1889 von Mojsisovic zur Verfügung, dessen *Testudo boettgeri* bislang als Synonym von *T. hermanni* betrachtet worden war. Das Typusexemplar stammte aus Rumänien. Für Exemplare aus dem östlichen Verbreitungsgebiet gilt also nunmehr der Name *Testudo hermanni boettgeri*. Namensgeber der „Ostrasse" war der Frankfurter Herpetologe Oskar Boettger. Im Folgenden ist mit dem Namen „Griechische Landschildkröte" immer die Unterart *Testudo hermanni boettgeri* gemeint, die ausschließlich Gegenstand dieses „Art für Art"-Buches ist.

ACHTUNG!

Aufgrund der etwas verworrenen Taxonomie sind auch die deutschen Bezeichnungen nicht immer eindeutig. Mit „Griechischer Landschildkröte" kann sowohl die gesamte Art *Testudo hermanni* gemeint sein als auch nur die Unterart *T. h. boettgeri*, wie es auch in diesem Buch gehandhabt wird. Achten Sie also bei Gesprächen mit anderen Haltern, beim Tierarzt, im Zoogeschäft oder in Kleinanzeigen immer genau darauf, was nun eigentlich gemeint ist. Mit der vollständigen wissenschaftlichen Bezeichnung *Testudo hermanni boettgeri* sind sie auf jeden Fall auf der sicheren Seite. Für *T. h. hermanni* wird in der neueren Literatur auch der deutsche Name „Italienische Landschildkröte" vorgeschlagen, was aus Gründen der Übersichtlichkeit sehr zu begrüßen ist. Alternativ gibt es auch die Bezeichnungen Westliche Griechische Landschildkröte für *T. h. hermanni* sowie Östliche Griechische Landschildkröte für *T. h. boettgeri*.

Beschreibung und Geschlechtsunterschiede

DIE Griechische Landschildkröte besitzt einen stabilen, gewölbten, in der Aufsicht ovalen Rückenpanzer, dessen Hornschilde bei einer gelblich beigefarbenen Grundfärbung meist dunkelbraune bis schwarze Zeichnungselemente aufweisen. Diese Zeichnung befindet sich überwiegend im vorderen und seitlichen Bereich der Panzerschilde. Der hintere Rand der

Im direkten Vergleich: links das Weibchen, rechts das Männchen Foto: M. Schardt

Schilde ist zeichnungslos. Es gibt auch sehr helle Tiere, die fast einfarbig gelb bis hellbeige gefärbt sind und kaum dunkle Schildbereiche aufweisen. Das Subcaudale (das ist die hinterste Hornplatte des Bauchpanzers) ist meist geteilt. Der Bauchpanzer (Plastron) besitzt die gleiche Grundfärbung wie der Rückenpanzer (Carapax). Rechts und links der Mittelnaht weist der Bauchpanzer zusätzlich dunkle bis schwarze Flecken von unterschiedlicher Größe auf, die allerdings nicht wie beim Rück-

Färbung und Zeichnung können bei der Griechischen Landschildkröte recht unterschiedlich sein.
Foto: M. Schardt

enpanzer auf einzelne Hornplatten begrenzt sind, sondern auch auf den nächsten Panzerschild übergehen können. Am Ende des Schwanzes befindet sich ein Hornnagel, der sowohl bei der Art- als auch der Geschlechtserkennung von Bedeutung ist (s. „Wussten Sie schon?“ und nächstes Kapitel „Geschlechtsunterschiede“).

Die Färbung des Kopfes, des Halses, der Extremitäten und des Schwanzes kann von Gelblich bis Graubraun variieren. Bei manchen Exemplaren sind gelbe Flecken hinter den Augen möglich. Färbung und Endgröße der Griechischen Landschildkröte sind sehr variabel, was auf ihre unterschiedlichen Herkunftsgebiete zurückzuführen ist. Adulte Exemplare können im Freiland eine Panzerlänge von bis zu 25 cm (Stockmaß) erreichen. Unter Terrarienbedingungen aufgezogene Tiere können bis zu 30

WUSSTEN SIE SCHON?

Der hintere Schild auf dem Bauchpanzer, das Subcaudale, ist ein gutes Unterscheidungsmerkmal zur insgesamt recht ähnlich aussehenden Maurischen Landschildkröte (*T. graeca*). Während dieser Schild bei *T. hermanni* normalerweise geteilt ist, ist er bei *T. graeca* im Regelfall ungeteilt. Auch der Hornnagel am Schwanzende dient der Unterscheidung der beiden Arten: Bei *T. graeca* fehlt er, ebenso wie bei den anderen Europäischen Landschildkröten. Ein weiteres Unterscheidungsmerkmal zu allen anderen Europäischen Landschildkröten ist die fehlende Tuberkelschuppe zwischen Schwanzwurzel und Hinterbein.

cm lang werden, bei einem Gewicht von etwa 5 kg. Weibchen werden größer als Männchen, die kaum mehr als 20 cm erreichen. Große Weibchen wiegen im Regelfall bis zu 2,5 kg. Männchen werden dagegen meist nur etwa 0,8–1,5 kg schwer.

Neben den schon erwähnten Größenunterschieden bei älteren Schildkröten gibt es auch Geschlechtsmerkmale, die schon bei jüngeren erwachsenen Tieren klar erkannt werden können. Die Schwanzwurzel adulter (= geschlechtsreifer) Männchen ist am Ansatz, also an der Schwanzbasis, stets breiter als bei Weibchen, außerdem ist der Schwanz der Männchen wesentlich länger als der der Weibchen. Auch der Hornnagel am Ende des Schwanzes ist bei adulten Männchen länger – etwa doppelt bis dreimal so lang wie bei weiblichen Tieren. Weibchen besitzen einen glatten (planen) Bauchpanzer. Bei Männchen hingegen ist dieser entlang der Mittelnaht leicht nach innen gewölbt. Die am Ende des Bauchpanzers liegenden Afterschilde bilden über der Schwanzwurzel unterschiedlich große, nach hinten offene Dreiecke. Bei den Männchen sind diese an der Schwanzöffnung groß und breit, bei den Weibchen dagegen schmaler und kleiner.

Bei Jungtieren dagegen ist eine Geschlechterbestimmung praktisch unmöglich.

Das Männchen (links) hat einen deutlich längeren und kräftigeren Schwanz als das Weibchen. Foto: M. Schardt

Verbreitung, Lebensraum und Verhalten

DAS Verbreitungsgebiet von *T. hermanni boettgeri* erstreckt sich von den Balkanländern Albanien, Bosnien-Herzegowina, Mazedonien, Kroatien, Serbien und Montenegro über weite Teile von Bulgarien und Rumänien bis in den europäischen Teil der Türkei, ferner über Griechenland. Nach Westen hin schließt sich das Verbreitungsgebiet von *T. hermanni hermanni* an. Eine ausführliche Beschreibung mit Fundorten finden Sie bei ROGNER (2005).

Die Griechische Landschildkröte besiedelt in ihrem Verbreitungsgebiet unterschiedliche Biotope, überwiegend aber Trockengebiete mit teils sandigen und steinigen Böden, Grasebenen, Macchien und Kulturlandschaften (z. B. Kartoffelfelder und Olivenhaine, Zitronen- und Orangenplantagen, Gärten). Diese Gebiete zeichnen sich überwiegend durch einen sehr warmen und niederschlagsarmen Sommer und recht kühle Nächte aus. Die natürliche Vegetation setzt sich überwiegend aus Löwenzahn, verschiedenen Wegericharten, Klee, Meereszwiebeln und allerlei anderen Wildkräutern zusammen.

Die Hauptaktivitätszeit der Griechischen Landschildkröten ist im Frühjahr der späte Vormittag und der frühe Nachmittag. Im Sommer hingegen sind die Tiere sehr früh am Morgen aktiv und verbringen die heiße Mittagszeit im Schatten unter Sträuchern oder eingegraben im Erdboden. Die ersten morgendlichen Sonnenstrahlen werden nach den kühlen Nächten so lange zum Aufwärmen genutzt, bis die

WUSSTEN SIE SCHON?

Wie alle Reptilien sind auch Schildkröten wechselwarm (poikilotherm). Das bedeutet, dass sie anders als z. B. die „warmblütigen" Säugetiere ihre Körpertemperatur nicht wesentlich über körpereigene Prozesse, sondern über die Temperatur der Umgebung steuern. Um die erforderliche Körpertemperatur (Aktivitätstemperatur) zu erreichen, begeben sich Griechische Landschildkröten daher gerne in die Sonne. Umgekehrt müssen sie, sobald ihre Körpertemperatur auf zu hohe Werte steigt, Orte mit einer niedrigeren Temperatur aufsuchen, damit sie nicht überhitzen. Die mit dieser Einstellung der Körpertemperatur verbundenen Verhaltensweisen nennt man Thermoregulation.

Solche offenen Gras- und Buschlandschaften mit sonnenexponierten Flächen werden von Griechischen Landschildkröten gerne bewohnt. Foto: M. Schardt

Tiere ihre Aktivitätstemperatur von 32–36 °C erreicht haben. Dazu nutzen sie gerne vegetationsfreie Stellen, die von der Sonne mit voller Kraft beschienen werden. Nach dem Aufwärmen durchstreifen die Schildkröten dann auf Nahrungssuche die Gegend, meist bis zu Beginn der Mittagshitze.

Jungtiere leben im Gegensatz zu semiadulten (jugendlichen) und adulten Exemplaren sehr versteckt und zurückgezogen. Jedoch müssen auch sie ihr Versteck täglich verlassen, um Regenwasser oder Tau zu trinken, zu fressen und sich in der Sonne aufzuwärmen. Gegen Fressfeinde, Überhitzung und Kälte schützen sich junge Schildkröten, indem sie viel Zeit eingegraben unter niedrigem Gebüsch, in der Kraut oder Laubschicht verbringen, wo sie regelrechte Gangsysteme anlegen. Hier werden anscheinend fast alle Bedürfnisse der jungen Schildkröten erfüllt. Eingegraben und gut geschützt verbringen sie so einen größeren Teil ihrer ersten Lebensjahre in diesem speziellen Mikroklima. Sie überwintern auch derart im Erdreich eingegraben.

Gesetzliche Bestimmungen

DIE Griechische Landschildkröte gehört nach der EU-Artenschutzverordnung zu den besonders geschützten Arten des Anhangs A, wodurch Haltung und Weitergabe bestimmten Regelungen unterliegen. Bei dem Kauf ist darauf zu achten, dass Sie die notwendige EU-Bescheinigung mit den Tieren erhalten. Da für Anhang-A-Tiere eine Individualerkennung vorgeschrieben ist, muss zusätzlich eine Fotodokumentation des einzelnen Tieres vorhanden sein. Griechische Landschildkröten lassen sich nämlich anhand ihrer individuellen Zeichnung auf Bauch- und Rückenpanzer sicher erkennen. Laut Bundesartenschutzverordnung in der geltenden Fassung (§ 10, Absatz 3) muss diese Dokumentation „eine zeichnerische oder fotographische Darstellung der Körperpartie enthalten, die eine Identifizierung ermöglicht. Diese Darstellung ist zu ergänzen, um eine Beschreibung des Tieres, die zumindest Angaben umfassen muss zu Größe oder Länge, Gewicht, Geschlecht und Alter sowie eine Beschreibung vorhandener Beson-

WUSSTEN SIE SCHON?

Für Arten, die nach dem Anhang A der EU-Artenschutzverordnung unter Schutz stehen, gilt eigentlich ein generelles Vermarktungsverbot. Da Griechische Landschildkröten aber in großen Stückzahlen nachgezüchtet werden, erteilen die Behörden in Deutschland routinemäßig Ausnahmegenehmigungen. Sie als Halter oder Züchter dürfen Griechische Landschildkröten aber erst abgeben, nachdem Sie eine solche Vermarktungsgenehmigung beantragt haben. Dann erhalten Sie von der Behörde die EU-Bescheinigung, die Sie mit den Tieren abgeben müssen. Der Käufer bekommt von Ihnen die EU-Bescheinigung, im Anhang die Fotodokumentation (dafür gibt es bei vielen Behörden inzwischen Formblätter) sowie eine von Ihnen ausgestellte Abgabebescheinigung, die besagt, woher die Tiere stammen und wo sie zuvor gemeldet waren (kann evtl. auch mit der Fotodokumentation zusammen erfolgen). Achten Sie beim Kauf unbedingt darauf, diese drei Papiere zu bekommen, und melden Sie die Tiere anschließend sofort bei Ihrer Behörde an! Versuchen Sie keinesfalls, z. B. auf Börsen Landschildkröten zu verkaufen, wenn Sie keine Vermarktungsgenehmigung für die betreffenden Tiere bei sich führen!

Solche Aufnahmen sind für die Fotodokumentation von Griechischen Landschildkröten geeignet. Fotos: M. Schardt

derheiten." Das heißt, dass pro Schildkröte zwei formatfüllende Fotos vorhanden sein müssen. Die Fotos werden senkrecht von oben geknipst. Auf einem Bild muss der Rückenpanzer deutlich zu erkennen sein, auf dem zweiten der Bauchpanzer. Die Schildkröte sollte am besten auf einer vorgegebenen schwarzweißen Unterlage (Kastenlänge: 1 cm) oder auf einem hellen Untergrund neben einem Zollstock fotografiert werden.

Der Halter von Griechischen Landschildkröten ist verpflichtet, den Besitz und jede Bestandsveränderung der zuständigen Behörde zu melden. Nach dem Erwerb eines Tieres ist dieses mit den dazugehörigen Papieren (EU-Bescheinigung; Fotodokumentation; Abgabebescheinigung des Züchters/ Händlers) bei der zuständigen Behörde (Regierungspräsidium oder Untere Naturschutzbehörde, je nach Wohnort) unverzüglich anzuzeigen. Dazu erkundet man sich am besten im Voraus, an wen eine Kopie der Papiere zu schicken ist. Auch später muss jede Bestandsveränderung, also z. B. Verkauf, Todesfälle oder Nachzuchten, der Behörde unverzüglich mitgeteilt werden.

Da sich die Zeichnung der Jungtiere im Lauf der Zeit ändert, müssen alle zwei Jahre neue Fotos für die Fotodokumentation angefertigt und bei der Behörde (nach Absprache) eingereicht werden.

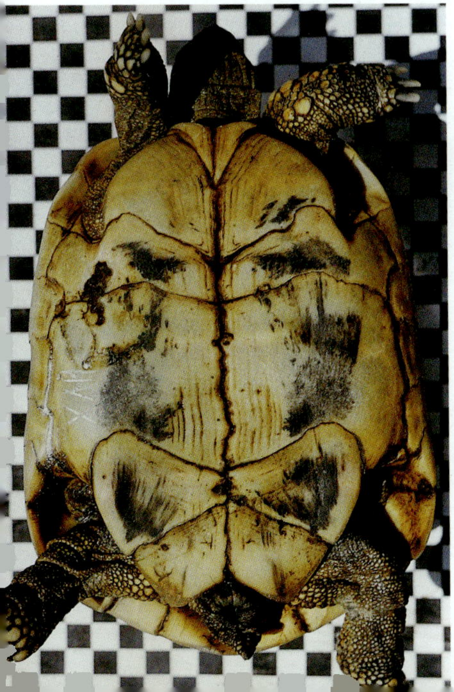

WUSSTEN SIE SCHON?

Die Bundesartenschutzverordnung schreibt eigentlich eine individuelle Kennzeichnung von nach Anhang A geschützten Arten vor. Diese wäre bei Reptilien mit einem Transponder vorzunehmen, einem Mikrochip, der dem Tier operativ eingesetzt werden muss, wogegen aber massive tierschutzrechtliche Bedenken stehen. Nach langen Verhandlungen ist nun alternativ die Fotodokumentation zugelassen.

DER PRAXISTIPP

Die schwarzweiß karierte Standardunterlage für die Fotodokumentation ermöglicht eine leichtere Vergleichbarkeit und damit Wiedererkennung der Tiere, ihr Einsatz ist daher anzuraten. Eine Kopiervorlage finden Sie z. B. im Buch „Griechische Landschildkröten" von M. ROGNER (2005).

Erwerb

DIE Griechische Landschildkröten werden in der Bundesrepublik Deutschland, in Österreich und der Schweiz mittlerweile regelmäßig in zufriedenstellenden Zahlen nachgezüchtet, sodass man Jungtiere problemlos direkt bei einem Züchter erwerben kann. Auch Zoohändler verkaufen in der Regel nur Nachzuchten, die sie von Züchtern beziehen. An Adressen von Züchtern gelangt man über Fachzeitschriften wie z. B. RepTV, die jeder Ausgabe der REPTILIA und TERRARIA beiliegt, oder die Schildkrötenzeitschrift MARGINATA oder über das Anzeigenjournal der DGHT (siehe „Weitere Informationen"). Ferner werden Griechische Landschildkröten häufig auf Reptilienbörsen direkt vom Züchter angeboten.

Wenn man eine Schildkröte im Zoofachhandel erwerben möchte, sollte man sich davon überzeugen, dass es sich um einen verantwortungsbewussten Händler mit dem nötigen Fachwissen und

18 Jahre altes Nachzuchtweibchen – Vorsicht bei der Eingliederung neuer Schildkröten in vorhandene Bestände! Durch unerkannte Herpesvirusinfektionen können fatale Erkrankungen ausbrechen. Foto: M. Schardt

Säuberung bzw. Auffüllen der Wasserschüssel. Nimmt man sich nach den Routinearbeiten Zeit, um seine Pfleglinge zu beobachten, wie sie anfangen zu fressen, sich aufzuwärmen oder das Terrarium bzw. das Gehege zu durchstreifen, so lernt man sehr schnell ihre Lebensgewohnheiten kennen und erkennt, ob alles in Ordnung ist. Gerade für den Neueinsteiger ist es notwendig und oft auch sehr interessant, die Temperatur und das Klima im Terrarium zu kontrollieren und bei Abweichungen entsprechend den Bedürfnissen der Tiere zu regulieren.

Die Arbeiten im Freigehege sind prinzipiell die gleichen wie im Zimmerterrarium. Auch hier werden Futterreste und Kot mit einem Rechen zusammengekehrt und entfernt sowie die Trinkwasserschüssel gereinigt und mit frischem Wasser aufgefüllt. Zusätzlich kann man die Anlage in den heißen Sommermonaten nach Bedarf, evtl. bis zu zwei- bis dreimal täglich mit dem Gartenschlauch oder Rasensprenger besprühen. Man sollte sich etwas Zeit nehmen, um das interessante Verhalten seiner Tiere nach dem „kurzen Regenguss" zu beobachten, die dann deutlich lebhaft werden.

Nur für den Übergang: das Zimmerterrarium

DA die Griechische Landschildkröte im Freilandterrarium gehalten werden sollte, sind in der Regel keine größeren Zimmerterrarienanlagen erforderlich. In der Regel ist eine Zimmerhaltung höchstens in den Übergangsjahreszeiten nötig. Eventuell kann es hilfreich sein, Jungtiere in kalten Nächten oder bei länger andauernder schlechter Witterung nach drinnen zu überführen. Von einer ganzjährigen Innenhaltung ist grundsätzlich abzuraten. Auch Zimmerterrarien müssen eine ausreichend große Grundfläche aufweisen. Eine Orientierung bieten die „Mindestanforderungen an die Haltung von Reptilien“, ein Gutachten im Auftrag vom BUNDESAMT FÜR ERNÄHRUNG, LANDWIRTSCHAFT UND FORSTEN (1997). Die Gehegegröße für ein

Adulte Schildkröten im Übergangsterrarium Foto: M. Schardt

Paar wird ermittelt, indem man die Panzerlänge des größeren Tieres mit den Faktoren 8 und 4 multipliziert. So erhält man die erforderliche Grundfläche (also Länge = 8 x Panzerlänge, Breite = 4 x Panzerlänge). Legt man eine Panzerlänge von 20–25 cm zugrunde, so beträgt die Grundfläche für ein ausgewachsenes Schildkrötenpaar mindestens etwa 1,60–2,00 m x 0,80–1,00 m. Für jedes weitere Tier vergrößert sich die erforderliche Grundfläche um etwa 10 %, ab dem fünften Exemplar um 20 % pro Tier. Für eine nur vorübergehende Haltung sind auch kleinere Maße akzeptabel.

WICHTIG!
Griechische Landschildkröten sollten hauptsächlich in Freilandterrarien gepflegt werden. Wer diese Möglichkeit nicht hat, sollte auf die Haltung besser verzichten oder sich z. B. auf tropische Landschildkröten konzentrieren.

Zimmerterrarium für Jungtiere Foto: M. Schardt

Für etwa 4–10 Jungtiere eignen sich Terrarien mit einer Länge von 60–100 cm, je nach Besatzdichte und Alter der Tiere.

Ich verwende ein großes Zimmerterrarium mit den Maßen 250 x 170 cm nur im Frühjahr und Herbst für einige Wochen, wenn es noch nicht bzw. nicht mehr möglich ist, die Tiere im Freien zu halten. Der Boden des Terrariums ist mit etwa 2 mm dickem, seitlich befestigtem PVC-Belag wannenförmig ausgelegt. Als Leuchtmittel verwende ich zwei 120 cm lange und 36 Watt starke Leuchtstofflampen, ferner zwei 100 Watt starke PAR-Spotstrahler. Unter den Strahlern herrschen Temperaturen von 35–40 °C. Die Temperatur im Terrarium liegt bei 23–26 °C. Da mein Becken in einem Terrarienraum untergebracht ist, werden diese Temperaturen problemlos erreicht. Anderenfalls muss man durch weitere Strahler oder Heizung für die erforderlichen Werte sorgen. Die Leuchtstoffröhren sind acht Stunden, die Strahler sechs Stunden täglich angeschaltet. Nachts sinkt die Temperatur durch Ausschalten aller Heiz- und Beleuchtungsquellen auf Zimmerwerte.

Zur Beleuchtung eignen sich besonders HQI-Strahler. Verwendet man Leuchtstofflampen, sollte man Typen wählen, die ein dem Tageslicht ähnliches Spektrum aufweisen. Dazu eignen sich z. B. die gebräuchlichen T8- oder T5-Röhren, die über einen besseren Wirkungsgrad als andere Röhren verfügen. Zusätzlich werden diese zur besseren Lichtausbeute mit einem Reflektor ausgestattet. Auf eine UV-Röhre kann verzichtet werden, da die Schildkrö-

Ein nach oben offenes Aquarium mit einer Teilabdeckung, an der die Beleuchtung installiert ist
Foto: M. Schardt

ten ja die meiste Zeit in der Freianlage gepflegt werden und dort genügend UV-Licht erhalten.

Sollten die Tiere aber aus irgendwelchen Gründen über einen längeren Zeitraum im Haus gehalten werden, sollte auf eine UV-haltige Beleuchtung geachtet werden (z. B. partielle Bestrahlung mit „Ultra-Vitalux" von Osram).

Als Wärmestrahler eignen sich handelsübliche Reflektorstrahler (im Regelfall genügen 40–75 W, um die oben genannten Lokaltemperaturen zu erreichen), die sichtbares Licht abgeben müssen. Elsteinstrahler sind ungeeignet. Die Steuerung von Grundbeleuchtung und Strahlern erfolgt getrennt über jeweils eine Zeitschaltuhr. Die getrennte Regulierung hat den Vorteil, dass man beide Leuchtmittel unterschiedlich lang brennen lassen kann, sodass man leicht einen Tagesverlauf von Helligkeit und Temperatur erreicht.

Die Freilandanlage

UM den Bedürfnissen der Schildkröten gerecht zu werden, müssen beim Bau eines Freilandterrariums verschiedene Dinge berücksichtigt werden. Als Standort sollte ein sonniger Platz in süd- bis südöstlicher Lage gewählt werden. Vorteilhaft ist der direkte Anbau des Geheges an eine wärmespeichernde Mauer, z. B. die Haus- oder Garagenwand. Der Platz muss windgeschützt sein, ferner sollten keine größeren Bäume in unmittelbarer Nähe der Anlage stehen, da diese die Anlage unter Umständen zu stark beschatten.

Für eine Einfriedung der Anlage können unterschiedliche Materialien verwendet werden. Geeignet sind z. B. Back- und Natursteinmauern, senkrecht in den Boden eingelassene Gehwegplatten, Holz- oder Betonpalisaden, Holzbretter oder verzinkte Mattenzäune.

Ich benutze bei meiner Freilandanlage engmaschigen (1 cm) Maschendraht, der etwa 10 cm tief im Boden verankert ist. Dies hat den Vorteil, dass die Anlage gut einsehbar ist.

Ideal ist es, die Freilandanlage mit einem Gewächshaus zu kombinieren Foto: M. Schardt

Aufklappbares Schutzhäuschen, mit Stroh gefüllt Foto: M. Schardt

Unabhängig davon, welche Materialien zur Einfassung verwendet werden, sollte die Einfriedung aufgrund der bestehenden Ausbruchsgefahr eine Höhe von 30 cm über dem Boden und von 10 cm im Erdreich nicht unterschreiten. Eine weitere Schutzmaßnahme, durch die ein eventuelles Ausbrechen der Tiere verhindert werden kann, ist ein etwa 5–10 cm breites und nach innen ins Gehege überstehendes Brett oder eine Ecksicherung aus einem etwa 30 x 30 cm großen, rechteckigen, ebenfalls nach innen überstehenden Brett.

Die Grundfläche des Geheges sollte so großzügig wie möglich bemessen sein. Als Minimalgröße sind auch hier, wie beim Zimmerterrarium, die schon erwähnten „Mindestanforderungen an die Haltung von Reptilien" zu berücksichtigen.

Die Einrichtung des Freigeheges sollte aus unterschiedlich großen Wurzeln oder Ästen, Steinen, Kies sowie einigen kleinen schattenspendenden Büschen oder Sträuchern bestehen. Auch eignen sich verschiedene mediterrane Pflanzen oder Kakteenarten, die man in Kübel pflanzen und so geschickt in die Anlage integrieren kann.

Bei der Gestaltung des Geheges muss darauf geachtet werden, dass den Tieren sowohl besonnte

Bau des Freigeheges des Verfassers Foto: M. Schardt

Teilansicht der Freianlage mit Kräuterwiese, Legesteinmauer und Unterschlupf Foto: M. Schardt

als auch schattige Plätze zur Verfügung stehen.

Außerdem richtet man Futterplätze, eine Wasserstelle und Eiablageplätze (s. Kapitel „Eiablage") ein. Eine Futterwiese mit Wildkräutern bietet die richtige „Grundlage" für die Ernährung und sollte in die Anlage integriert werden. Entsprechendes Saatgut ist im spezialisierten Handel inzwischen eigens für Landschildkröten erhältlich. Eine Schutzhütte dient als Rückzugsmöglichkeit. Sie wird häufig für die Nacht aufgesucht, aber auch bei schlechtem oder sehr heißem Wetter. Dafür eignet sich eine gut isolierte, selbstgebaute Hütte aus Holz, die mit Stroh und Heu ausgepolstert wird.

Die in Baumärkten erhältlichen kleinen Gewächshäuser eignen sich gut zur Integration in die Schildkrötenfreianlage, sodass auch längere Schlechtwetterperioden unbeschadet überstanden werden. So wird eine zeitweise Zimmerhaltung meist ganz überflüssig.

ACHTUNG!
Grundsätzlich ist darauf zu achten, dass mögliche Fressfeinde den Schildkröten nicht gefährlich werden können. Die Umfriedung muss also auch sie fernhalten.
Jungschildkröten, die leicht auch von großen Vögeln erbeutet werden könnten, müssen durch geeignete Netze o. Ä. geschützt werden.

Freigehege zur Aufzucht von Jungtieren Foto: M. Schardt

Gesundheit

DIE Grundvoraussetzung dafür, dass Ihre Schildkröte nicht erkrankt, ist eine artgerechte Haltung, Pflege und Ernährung. Durch falsche Haltung hervorgerufene Krankheiten können vermieden werden, indem man sich bereits vor und nicht erst nach dem Erwerb eines Tieres über dessen Ansprüche und Biologie informiert. Einen ersten Überblick sollte Ihnen dieses Buch vermitteln. Es empfiehlt sich jedoch, sich auch weitergehend zu informieren, z. B. durch weiterführende Bücher, durch Fachzeitschriften und durch die Mitgliedschaft in einem Terrarienverein. Es gibt zahlreiche Gruppierungen, die sich mit Schildkröten beschäftigen. Hier finden Sie auch immer Ansprechpartner bei Fragen oder Problemen (s. „Weitere Informationen" sowie „Verwendete und weiterführende Literatur").

Wenn Sie sich mit den Tieren vertraut gemacht haben und ihr Verhalten und ihre Gewohnheiten kennen, stellen Sie sehr schnell Veränderungen bei einer eventuell auftretenden Erkrankung fest.

Bemerken Sie Krankheitssymptome, sollten Sie einen reptilienerfahrenen Tierarzt aufsuchen. Von einer eigenen Behandlung der Tiere möchte ich an dieser Stelle dringend abraten! Die Adressen fachkundiger Tierärzte erhalten Sie über Fachzeitschriften wie die MARGINATA oder die DGHT, auch auf deren Homepage (s. „Weitere Informationen").

In der Tabelle sind Symptome aufgeführt, die auf eine Erkrankung hindeuten und den Besuch bei einem Tierarzt erfordern.

Zweijähriges Jungtier. Eine völlig falsche Ernährung beim Vorhalter führte zu schwerer Höckerbildung.
Foto: M. Schardt

Futterwiese im Freilandterrarium mit unterschiedlichen Wildpflanzen Foto: M. Schardt

Landschildkröte bei meinen Tieren niemals Vitamin- oder Mineralstoffmangelerscheinungen beobachten können.

Abschließend sei noch erwähnt, was man an Griechische Landschildkröten nicht oder nur sehr selten verfüttern sollte. So sollte man auf Nudeln und andere Teigwaren verzichten, da der hohe Anteil an Kohlenhydraten auf Dauer zu Nierenversagen führen kann. Auch sollte man grundsätzlich von einer Verfütterung tierischer Nahrung wie Fertigfutter für Hunde oder Katzen Abstand nehmen, da diese zu Leberschäden (Fettleber) führen kann. Obst und Gemüse wird von fast allen Schildkröten ebenso gern wie auch tierische Nahrung gefressen. Jedoch sollte man auch damit vorsichtig sein, da diese Futtermittel so gut wie keine Ballaststoffe besitzen und sehr proteinarm sind.

Ferner kann Obst wegen des hohen Fruchtzuckergehaltes schnell zu Durchfall führen.

Völlig ungeeignet zur Schildkrötenernährung sind gekochte Kartoffeln, Fleisch und Fischfutter.

DER PRAXISTIPP

Gern gefressen werden auch die schon erwähnten Heupellets, wenn man sie einweicht und zerkleinert (z. B. „Pre Alpin Testudo“ der Firma Agrobs GmbH), die über das Futter gestreut als Ergänzungsfuttermittel angeboten werden. Meine Tiere verschmähten die an verschiedenen Stellen im Gehege angebotenen Heupellets zunächst. Erst als ich die Pellets über einen längeren Zeitraum hinweg zerkleinert über die Futterpflanzen streute, wurden sie schließlich von den Schildkröten auch separat akzeptiert.

Winterruhe

DIE Griechischen Landschildkröten halten auch in ihrer Heimat eine Winterruhe ein. Die kalte Überwinterung ist wichtig für die Fortpflanzungsbereitschaft der Tiere im Frühjahr und für ihre langfristige Gesunderhaltung. In der Natur überleben kranke und schwache Tiere den Winter oft nicht, nur gesunde und starke Tiere pflanzen sich im kommenden Frühjahr fort. Für uns bedeutet das natürlich, dass wir nur wirklich gesunde und kräftige Schildkröten überwintern dürfen. Schwache oder kranke Tiere müssen im Zimmerterrarium über den Winter gebracht (und dabei aufgepäppelt) werden.

WICHTIG!
Verletzte, kranke und geschwächte Tiere dürfen nicht eingewintert werden, sondern sind, wie gesagt, in ein Zimmerterrarium zu überführen. Sie werden warm gehalten, versorgt und behandelt. Sie dürfen erst eingewintert werden, wenn sie wieder vollständig gesund sind. Bei Tieren, die auch nach einer längeren Behandlung nicht gesund oder zu leicht erscheinen, sollte man kein Risiko eingehen und die Tiere nicht überwintern, sondern den Winter über durchfüttern. Bei ihnen kann man, in Abhängigkeit von ihrem Zustand, im Januar oder Februar eine verkürzte Ruheperiode durchführen.

Eingeleitet wird die Winterruhe durch den Rückgang der Tagestemperatur und der Tageslänge. Die Schildkröten reduzieren ihre Körperfunktionen nach und nach immer mehr, um sie schließlich während der Winterruhe auf ein Minimum zu setzen. Zum Herbst hin stellen sie die Nahrungsaufnahme ein, werden inaktiver, ziehen sich zunehmend in ein Versteck zurück und fangen schließlich an, sich einzugraben.

Beobachtet man im Spätsommer bei seinen Tieren dieses Verhalten, ist es an der Zeit, sie auf die bevorstehende Winterruhe vorzubereiten. Dies geschieht je nach Wetterlage und in Abhängigkeit von der Temperatur meist zwischen Ende September und Anfang Oktober.

Häufig werden beim Ein- und Überwintern Fehler begangen, die zum Tod der Schildkröten führen können.

Jungtiere können, müssen aber keineswegs, im ersten Winter durchgefüttert und nur einer kurzen Ruheperiode im Januar/Februar unterzogen werden. Sie sollten in dieser vier- bis sechswöchigen Ruheperiode nicht zu warm, am besten bei Zimmertemperaturen von etwa 16–18 °C, gehalten werden. Ab dem zweiten Lebensjahr werden die Jungtiere mindestens 2,5

Überwinterungsboxen, links mit Zeitung, rechts mit Laub gefüllt. Mit dem Wasserzerstäuber sorgt man auch während der Überwinterung für die notwendige Substratfeuchte.
Foto: M. Schardt

Monate lang überwintert. Die Überwinterung von Jungtieren wird von Züchter zu Züchter sehr unterschiedlich gehandhabt; und die Meinungen gehen sehr weit auseinander. Klar ist: In der Natur müssen die kleinen Schildkröten ebenfalls überwintern.

Adulte Tiere, die den ganzen Sommer über im Freiland unter relativ natürlichen Bedingungen leben, bereiten sich wie ihre Artgenossen in den Heimatländern in der Regel selbst auf die bevorstehende Winterruhe vor. Wie bereits erwähnt, stellen sie zwischen Ende September und Anfang Oktober die Nahrungsaufnahme ein, ziehen sich in ihr Versteck zurück oder fangen an, sich einzugraben. Bei solchen Tieren erübrigt sich ein Bad

DER PRAXISTIPP

Ich überwintere Jungtiere bis zu einem Alter von etwa vier Jahren etwa 2,5 Monate, adulte Schildkröten etwa 4 Monate. Die Meinungen zur richtigen Überwinterungslänge gehen allerdings sehr auseinander. Ich habe mit den genannten Ruhezeiten aber über 30 Jahre beste Erfahrungen gemacht.

DER PRAXISTIPP

Eine optimale Alternative zur Kellerüberwinterung ist die Überwinterung in einem Kühlschrank. Die Vorbereitung mit der stufenweisen Temperaturabsenkung und den zwischenzeitlichen Bädern bleibt gleich. Als Überwinterungsbehälter verwendet man hier verschließbare Plastik- oder Kunststoffboxen mit ausreichend Luftlöchern. Diese Boxen sollten etwa doppelt so hoch sein wie die Schildkröten, um noch ausreichend feuchtes Substrat einfüllen zu können. Als Bodengrund kann man auch hier feuchte, ungedüngte Blumenerde mit Rindenmulch, Sand oder eine Sandmischung, feuchtes Moos oder Sphagnum verwenden. Die Temperatur im Kühlschrank wird so eingestellt, dass sie zwischen 5 und 8 °C liegt. Bei dieser Methode darf die Tiefsttemperatur nicht unter 5 °C fallen. Auch ist zu beachten, dass in Kühlschränken ein Temperaturgefälle von einigen Grad von oben nach unten herrschen kann. Das heißt, wenn im oberen Bereich eine Temperatur von etwa 10 °C gemessen wird, kann sie unten durchaus 3-4 °C niedriger sein. Deshalb muss man die Temperatur immer dort messen, wo die Überwinterungsboxen auch tatsächlich stehen. Zweimal die Woche sollten anfänglich die Substratfeuchte und täglich die Temperatur (am besten durch außen angebrachte Thermometer mit innen befestigten Fühlern) kontrolliert werden. Nach etwa vier Wochen langt eine einmal wöchentliche Kontrolle des Substrates. Da feuchtes Substrat im Kühlschrank so gut wie nicht austrocknet, sollte es am Anfang auf keinen Fall zu feucht gewählt werden.

Das Aufwachen muss auch bei dieser Methode langsam und stufenweise eingeleitet werden. Dazu stellt man als erstes den Kühlschrank aus und öffnet die Tür einige Zentimeter. Nach etwa 1-2 Tagen kann man die geschlossenen Boxen aus dem Kühlschrank nehmen und in das Zimmer stellen. Nach einem weiteren Tag öffnet man den Deckel, und wieder einen Tag später beginnt man mit dem Baden der Tiere.

vor der Winterruhe meist. Um aber sicher zu gehen, kann man alle Tiere, unabhängig von Alter und momentaner Haltungsform (Terrarien- oder Freilandhaltung), in dieser Zeit zwei- bis dreimal wöchentlich baden, damit sie ihren Darmtrakt vollständig entleeren, bevor sie die Winterruhe antreten.

Im Zimmerterrarium verkürzt man als erstes die Lichtintensität, indem man die Beleuchtung von etwa zehn auf fünf Stunden herunterschaltet. Nach etwa fünf Tagen stellt man das Füttern ein und fängt an, die Tiere etwa zwei- bis dreimal wöchentlich in lauwarmem Wasser zu baden. Nach weiteren fünf Tagen schaltet man die Beleuchtung komplett aus und hält seine Schildkröten weitere fünf Tage bei Zimmertemperatur und badet sie weiter alle 2–3 Tage in lauwarmem Wasser. Die komplette Vorbereitung bis zur endgültigen Einwinterung sollte sich etwa zwei Wochen hinziehen.

Schildkröten im Freilandterrarium werden etwa 2–3 Wochen vor der Überwinterung aus der Anlage genommen und auf die Ruheperiode vorbereitet. Hat man sich davon überzeugt, dass die Tiere keine Verletzungen aufweisen und nicht geschwächt oder krank sind, unterzieht man sie innerhalb der nächsten sieben Tage zwei- bis dreimal einem ausgiebigen Bad in lauwarmem Wasser, bis der Darm vollständig entleert ist. In dieser Zeit werden sie in vorbereiteten Terrarien oder Behältern bei Zimmertemperatur gehalten und nicht mehr gefüttert. Nachdem man sich überzeugt hat, dass während des Badens kein Kot mehr abgesetzt wird und der Darmtrakt somit entleert sein dürfte, überführt man die Schildkröten in einen Kellerraum. Dieser sollte allerdings noch nicht die endgültige Überwinterungstemperatur aufweisen. Für die nächsten 3–5 Tage sollten die Temperaturen bei etwa 13–18 °C liegen. Sie sollten auch hier langsam und stufenweise, nicht hingegen abrupt gesenkt werden. Für die eigentliche Winterruhe überführt man die Schildkröten danach in die vorbereiteten Überwinterungsbehälter. Dazu eignen sich z. B. sehr gut Kunststoffboxen oder -wannen sowie selbstgebaute Holzkisten mit einem Deckel oder einer anderen Abdeckung. Bei den Behältern ist darauf zu achten, dass die Luft trotz der Abdeckung im Innern zirkulieren kann. In die Behälter wird ein leicht feuchtes (nicht nasses!) Substrat 7–10 cm hoch eingefüllt. Dazu kann ungedüngte Garten- oder Blumenerde verwendet werden, die man mit Rindenmulch oder Sand mischen kann. Nachdem die Schildkröten in dem Behälter sind, deckt man sie bis an dessen oberen Rand z. B. mit Laub oder auch mit zerknäultem und zusammengedrücktem Zeitungspapier ab. Nach einigen Tagen haben sich die Schildkröten beruhigt und eingegraben, sodass man sie jetzt in den eigentlichen Überwinterungsraum überführen kann bzw. für die endgültigen Wintertemperaturen sorgt. Diese sollten 10 °C betragen. Sehr wichtig ist die Feuchtigkeit des Substrates. Es ist darauf zu achten, dass sowohl

DER PRAXISTIPP

Zu Beginn der Winterruhe kann es zu einem leichten Gewichtsverlust der Schildkröten kommen. Daher ist es ratsam, seine Tiere vor und während der Winterruhe zu wiegen, sodass man bei einem Gewichtsverlust von mehr als 10 % in den ersten Wochen sofort reagieren und die Winterruhe abbrechen kann. Die Ruhephase ist auch dann abzubrechen, wenn sich ein Tier nicht eingräbt und weiter unruhig umherwandert. Auch bei Tieren, die am Panzer oder an der Haut Entzündungen aufweisen, ist die Winterruhe abzubrechen. In solchen Fällen sollten die Tiere stufenweise und in umgekehrter Reihenfolge wie bei der Einwinterung wieder aufgeweckt und anschließend im Zimmerterrarium gepflegt werden.

Zur Vorbereitung auf die Winterruhe werden die Schildkröten in lauwarmem Wasser gebadet, um die Darmentleerung zu unterstützen. Foto: M. Schardt

das Auffüll-Substrat als auch der Bodengrund in der Überwinterungsbox regelmäßig befeuchtet werden und nicht austrocknen. Eine zu trockene Überwinterung kann zu höherem Gewichtsverlust führen, was sich im Frühjahr dann z. B. durch eingefallene Augen zeigt. Das Substrat sollte man an einem Tag in der Woche leicht besprühen, an dem man auch gleich die Temperatur misst und eventuell auch das Gewicht der Tiere kontrolliert.

Ende März, wenn es langsam wärmer wird, entfernt man zuerst die Abdeckung bzw. öffnet den Deckel der Behälter und schaltet für einige Stunden die Beleuchtung im Kellerraum an. Ein bis zwei Tage später kann man die Kellerfenster öffnen, um zusätzliche Wärme und Frischluft herein zu lassen. Spätestens jetzt beginnen die Tiere, unruhig zu werden und in ihrem Behälter herumzu-

kriechen. Dann wird in umgekehrter Reihenfolge wie bei der Einwinterung die Aufwachphase eingeleitet.
Die lauwarmen Bäder, bei denen die Tiere meist sehr viel Wasser aufnehmen, sind besonders wichtig. Dadurch wird ein eventueller Flüssigkeitsverlust während der Winterruhe ausgeglichen. In den darauf folgenden Tagen sollten die Tiere noch mehrmals ausgiebig gebadet werden. Nach dem Abtrocknen werden sie bei einer Raumtemperatur von etwa 20–22 °C in ein Zimmerterrarium gesetzt. Nach 3–4 Tagen wird für etwa fünf Stunden täglich das Licht stufenweise wieder in Betrieb genommen, wobei man zunächst die Grundbeleuchtung (HQI, Leuchtstofflampen), dann den Strahler zuschaltet. Nach weiteren zwei Tagen wird die Beleuchtungsdauer wieder auf zehn Stunden täglich erhöht und erstmals Futter angeboten. Sobald es die Außentemperaturen zulassen, kann man die Schildkröten tagsüber stundenweise ins Freigehege setzen, wo sie, wenn die Nachtfröste vorbei sind, schließlich wieder die ganze Zeit verbringen.
Man kann adulte Schildkröten im Frühjahr auch in das Schutzhaus ins Freigehege überführen und dort eingraben. Aufgrund der steigenden Außentemperaturen verlassen die Schildkröten bald das Haus, um sich bei geeigneter Witterung zu sonnen. In den nächsten 3–4 Tage badet man die Tiere ebenfalls in lauwarmem Wasser, damit sie Feuchtigkeit aufnehmen können. Danach müssen sie abgetrocknet werden, damit sie nicht zu sehr auskühlen. Am späten Nachmittag setzt man die Schildkröten wieder in ihr Schutzhaus, das über Nacht mit Dunkel-Strahlern oder Heizmatten leicht beheizt wird, und verschließt es. Auch bei schlechtem Wetter bleibt der Eingang des Schutzhauses verschlossen. Bei schönem Wetter öffnet man den Eingang, sodass sich die Tiere nun täglich sonnen können. Sobald die Nächte frostfrei und mild sind und die Tagestemperaturen ansteigen, werden die Eingänge überhaupt nicht mehr verschlossen, und man kann damit beginnen, die Tiere zu füttern. Nun sollte den Schildkröten täglich frisches Futter und Trinkwasser zur Verfügung stehen.

Paarung

DIE ersten Paarungen kann man unmittelbar nach der Winterruhe, bei ansteigenden Temperaturen, beobachten. Im Laufe des Jahres kann es dann bei der Griechischen Landschildkröte bis in den Frühherbst immer wieder zu weiteren Paarungen kommen. Das erste Gelege des Jahres wird zwischen Mai und Anfang Juli abgesetzt. Ausschlaggebend dafür sind jedoch offenbar nicht die Paarungen nach der Winterruhe im Frühjahr, sondern jene, die im Jahr zuvor im Spätsommer oder Herbst stattfanden.

Den Paarungen geht im Regelfall ein Werben des Männchens um das Weibchen voraus. Dabei verfolgt das Männchen seine Partnerin, und versucht sie, durch Rammen des Panzers und Bisse in die Vorderbeine und den Kopf am Fortlaufen zu hindern. Ist das Weibchen paarungsbereit, verhält es sich ruhig, sodass das Männchen von hinten aufreiten kann. Die eigentliche Kopulation dauert in der Regel zwischen zwei und acht Minuten. Während der Paarung stoßen die Männchen mit weit ausge-

Zur Paarung reitet das Männchen von hinten auf seine Partnerin auf.
Foto: M. Schardt

strecktem Hals und aufgerissenem Maul fiepsende Laute aus. Es ist ratsam, ein Männchen nicht nur mit einem, sondern mit etwa 3–4 geschlechtsreifen Weibchen zu vergesellschaften. Insbesondre in der Paarungszeit ist es wichtig, dass sich mehrere Weibchen im Gehege befinden, da ein einzelnes Weibchen von dem Männchen permanent bedrängt würde. Das Weibchen käme dann nicht zur Ruhe und nähme in der Folge z. B. nicht ausreichend Nahrung zu sich. Ist aus irgendwelchen Gründen nur eine Paarhaltung möglich oder wird ein Weibchen auch so auffällig dauerhaft vom Männchen bedrängt, sollte man das Männchen kurz vor der Eiablage aus der Anlage nehmen, damit das Weibchen ohne Stress seine Eier ablegen kann. Im schlimmsten Fall kann es sonst zu einer stressbedingten Legenot kommen, die tödlich enden kann.

WUSSTEN SIE SCHON?

Die Weibchen der Griechischen Landschildkröten können in einem gewissen Maß Sperma speichern. So legten drei meiner Weibchen, die sich im Spätsommer und frühen Herbst paarten, im darauf folgenden Jahr zwei befruchtete Gelege ab, ohne dass sie zwischenzeitlich mit Männchen vergesellschaftet worden waren und sich erneut hätten paaren können. Eines der Weibchen legte sogar im zweiten Jahr ohne männliche Gesellschaft ein weiteres befruchtetes Gelege ab.

Jungtier Foto: M. Schardt

Eiablage

AN sehr warmen Tagen im Mai und Juni kann man trächtige Weibchen beobachten, die unruhig im Gehege umherlaufen. Sie beriechen die Erde und prüfen die Bodenbeschaffenheit, um eine günstige Stelle zur Eiablage zu finden.

DER PRAXISTIPP
In seltenen Fällen kann es vorkommen, dass das Weibchen Schwierigkeiten hat, ein übergroßes Ei herauszupressen. Man sieht dann längere Zeit das Ei etwas aus der Kloake herausragen, ohne dass sich weiter etwas tut. Man kann die Kloake und den sichtbaren Teil des Eis mit Olivenöl einpinseln, sodass das Ei gleitfähiger ist und leichter herausgepresst werden kann. Oft verläuft die weitere Eiablage dann problemlos.

Droht ein Weibchen bei der Eiablage durch Artgenossen zu sehr gestört zu werden, kann man ihm mit einem solchen Drahtkorb Ruhe verschaffen. Foto: M. Schardt

Dafür bevorzugen sie nur sehr spärlich oder überhaupt nicht bewachsene, südöstlich ausgerichtete, gut besonnte, sandhaltige Hügel. Es ist schon bei der Anlage des Freilandterrariums unbedingt darauf zu achten, dass solche Eiablagemöglichkeiten zur Verfügung stehen. Fehlen geeignete Eiablageplätze, kann es im schlimmsten Fall zu einer Legenot kommen.

Hat sich ein Weibchen für eine Stelle entschieden, hebt es mit den Hinterbeinen eine kleine Grube von etwa 7–13 cm Tiefe und 5–8 cm Breite aus. Jüngere Weibchen, die noch nicht so oft gelegt haben, graben in der Regel kleinere Gruben als ältere Weibchen. Die Eiablage kann je nach Gelegegröße und Größe der einzelnen Eier bis zu mehreren Stunden dauern. Jedes Ei wird nach der Ablage mit den Hinterbeinen so positioniert, dass weitere Eier in der Grube Platz haben.

Es kann vorkommen, dass einzelne Eier während der Eiablage zerbrechen, z. B., wenn die Grube etwas zu tief ausgehoben wurde und die einzelnen Eier aufeinander fallen.

Die Eier der Griechischen Landschildkröte sind hartschalig und tischtennisballähnlich rund bis oval. Bei einer Größe von etwa 24–33 mm haben sie ein Gewicht von etwa 10,5–13,0 g. Die Gelegegröße schwankt je nach Alter des Weibchens zwischen 2 und 14 Eiern. Die Gelege jüngerer Weibchen sind kleiner als die älterer Tiere. Unter sehr günstigen Bedingungen können pro Fortpflanzungssaison bis zu drei Gelege im Abstand von 3–6 Wochen abgelegt werden.

Nach der Eiablage wird die Legegrube von dem Weibchen verschlossen und sorgfältig der Umgebung angeglichen. Oft erkennt man nachher nicht, wo das Weibchen die Eier vergraben hat.

Um dies zu verhindern bzw. um die Gelege besser finden zu können, kann man eine 1–2 mm hohe Schicht hellen Sandes über den Eiablagehügel zu streuen. Man sieht dann durch das vermischte Substrat sofort, an welchen Stellen gegraben wurde.

DER PRAXISTIPP

Während der Eiablage kann es zu Störungen durch andere trächtige Weibchen, die nach einer Eiablagemöglichkeit suchen, oder durch aufdringlich paarungswillige Männchen kommen. In solchen Fällen empfiehlt es sich, die Eier legenden Weibchen durch z. B. einen Drahtkorb oder das Oberteil eines Hamster-, Meerschweinchen- oder Vogelkäfigs zu schützen. Man stellt diesen „Korb“ über das Weibchen und sichert ihn gründlich mit Zeltheringen gegen Verschieben. Dann kann das Weibchen ungestört von den anderen Terrarienbewohnern sein Gelege absetzen.

Die Legegrube wird ausgehoben, dann werden die Eier schließlich einzeln hineingelegt.
Foto: M. Schardt

Inkubation und Schlupf

ZUR Zeitigung der Gelege eignen sich unterschiedliche Brutapparate wie Flächenbrüter (z. B. Fa. Jäger, Fa. Bruga), aber natürlich auch selbst gebaute Modelle. Nach der Ablage der Eier werden diese in einem mit feuchtem Substrat, z. B. Sand oder Vermiculit, gefüllten Inkubationsbehälter etwa zur Hälfte eingegraben. Anschließend dürfen die Eier nicht mehr um die Längsachse gedreht werden! Man kann die hartschaligen Eier problemlos an der Oberfläche mit einem weichen Bleistift markieren und das Ablagedatum draufschreiben. Das ist nicht nur praktisch, weil man immer auf einen Blick erkennt, wann mit dem Schlupf zu rechnen ist, sondern auch, weil im Falle eines versehentlichen Verdrehens das Ei dann wieder in die richtige Position zurückgelegt werden kann. Andernfalls besteht die Gefahr, dass der Embryo nach einem Verdrehen des Eis abstirbt.

DER PRAXISTIPP
Um die richtige Substratfeuchte bei der Inkubation einzustellen, vermische ich 100 g Vermiculit mit 40 ml Wasser. Wenn Sie über noch keine Erfahrung mit der Inkubation von Reptilieneiern verfügen, können Sie den Brutbehälter nach der Bestückung mit den Eiern wiegen und etwa alle zwei Wochen nachkontrollieren, ob das Gewicht noch „passt". Falls nicht, gießen sie vorsichtig am Rand die entsprechende Menge Wasser nach (1 ml entspricht etwa 1 g), um das Ausgangsgewicht wieder herzustellen.

Schlüpfendes Jungtier
Foto: M. Schardt

Die Zeitigung erfolgt bei einer Inkubationstemperatur von etwa 28–32 °C und einer Luftfeuchtigkeit von 70–100 %.
Bei Bruttemperaturen von etwa 28–30 °C beträgt die Inkubationsdauer ungefähr 61–68 Tage.

Bei einer Temperatur von 32 °C verkürzt sie sich auf etwa 54–57 Tage.

Die schlüpfenden Schildkröten durchbrechen zunächst mit Hilfe ihrer Eischwiele, die sich unterhalb der Nase am Oberkiefer befindet, die harte Eischale an einer Stelle. Mit Hilfe der Vorderbeine, durch Körperbewegungen, Stöße mit dem Kopf und auch durch Bisse wird die kleine Öffnung in der Eischale allmählich vergrößert, bis sich die junge Schildkröte mit dem Kopf aus der Schale befreien kann. Da dieser Vorgang sehr anstrengend für den Schlüpfling ist, verharrt er anschließend oftmals eine Weile, um sich zu erholen. Sobald die junge Schildkröte mit den Krallen der Vorderbeine die Öffnung aufstemmen kann, wird diese solange weiter vergrößert, bis die harte Eischale komplett aufreißt und das Tierchen sie endlich verlassen kann. Der gesamte Schlupfvorgang bis zum Verlassen des Eis kann sich bis zu zwei Tage hinziehen.

Frisch geschlüpfte Schildkröten weisen am Bauchpanzer (Plastron) eine deutlich erkennbare Querfalte auf, die aber nach etwa einem Tag nicht mehr sichtbar ist. Das Schlupfgewicht liegt etwa bei 7–15 g, die Panzerlänge bei ca. 3–3,5 cm.

Geschafft! Der Schlupf ist für die kleinen Schildkröten ein anstrengendes Unterfangen.
Foto: M. Schardt

WUSSTEN SIE SCHON?

Wie bei vielen anderen Reptilien auch, beeinflusst die Inkubationstemperatur bei der Griechischen Landschildkröte das Geschlecht der Schlüpflinge. So schlüpfen bei Inkubationstemperaturen im unteren Bereich (28-29 °C) fast ausschließlich Männchen. Bei einer Temperatur von ungefähr 30 °C +/- 0,5 ° ist das Geschlechterverhältnis etwa ausgeglichen. Bei Werten um 31-32 °C schlüpfen fast ausschließlich weibliche Tiere. Mit etwas Erfahrung kann man so gut das gewünschte Geschlechterverhältnis bei den Schlüpflingen „einstellen".

DER PRAXISTIPP

Es kann vorkommen, dass der Dottersack eines Schlüpflings beim Verlassen des Eis noch nicht vollständig resorbiert ist. In solchen Fällen säubert man das Jungtier zunächst vorsichtig mit lauwarmem Wasser von dem Inkubationssubstrat und setzt es in eine kleine Grillendose mit feuchtem Fließpapier. Diese Feuchtkammer wird daraufhin wieder in den Brutkasten gestellt. Erst wenn der Dottersack vollständig resorbiert ist und die Resorbtionsstelle geschlossen ist, wird das Jungtier in das vorbereitete Aufzuchtterrarium überführt.

Anomalien, Missbildungen und Zwillinge

IM Gegensatz zur Missbildung ist bei einer Anomalie die Lebensfähigkeit des Schlüpflings nicht beeinträchtigt. Die wohl am häufigsten auftretende Abweichung betrifft bei Griechischen Landschildkröten wohl die Anzahl, Größe und Form der Hornschilde des Rückenpanzers. Diese äußert sich im Regelfall durch eine größere oder geringere Zahl der Zentralschilde des Carapaxes. Diese Schildanomalien können sowohl bei Nachzuchten, als auch bei Jungtieren im natürlichen Lebensraum auftreten.

Eine weitere und sehr seltene Anomalie ist das Auftreten von albinotischen oder leuzistischen Tieren. In der Umgebung von Sarajevo wurde ein albinotisches Jungtier gefunden, dessen Augenhintergrund unpigmentiert war, sodass die Augen rötlich erschienen (MAYER 1992). Das bisher einzig bekannt gewordene leuzistische Exemplar einer Griechischen Landschildkröte schlüpfte bei mir im Jahr 2001. Es hatte eine normale Schlupfgröße und -masse. Der Carapax war bis auf leichte schwarze Schattierungen vollständig weiß gefärbt und ansonsten zeichnungslos. Lediglich die Verbindungsnähte der einzelnen Carapaxschilde waren schwarz. Der Kopf war bläulich, die Extremitäten waren fast weiß gefärbt, ebenso die Krallen. Um die Augen war das

Beim Autor geschlüpftes leuzistisches Jungtier der Griechischen Landschildkröte Foto: M. Schardt

Jungtier auffallend bläulich gefärbt, sodass es fast aussah, als habe es dunkelblaue Augen (die Augen selbst waren jedoch schwarz).

Missbildungen können sowohl durch Umwelteinflüsse (exogene Faktoren) hervorgerufen werden als auch erblich bedingt sein (endogener Ursprung). Manchmal treten sie auch spontan auf, ohne dass eine Ursache erkennbar wäre.

Schwere Missbildungen des Kopfes und der Extremitäten oder starke Verkrüppelungen des Rückenpanzers führen meist zum frühzeitigen Absterben des Embryos bereits im Ei. Auch schwere Schildanomalien in Verbindung mit Missbildungen der erwähnten Körperteile kommen vor. In einem Fall waren beide hinteren Extremitäten nur stummelförmig ausgebildet, das Fußskelett war stark reduziert. In einem anderen Fall führte eine starke Missbildung des Carapax zu einem frühzeitigen Absterben des Embryos im Ei. Hier waren die Zentralschilde 1 und 2 mit den Seitenschilden verschmolzen. Lediglich der dritte Zentralschild war noch als eigenes, isoliertes Schild erkennbar. Die auf eine Anzahl von 8–9 vermehrten Seitenschilde waren mittig verbunden, da die Zentralschilde fehlten.

Eine weitere Missbildung ist Doppelköpfigkeit bei Griechischen Landschildkröten. Solche Tiere können durchaus schlüpfen. Meist nehmen beide Köpfe gleichzeitig Nahrung auf. Solche Tiere können lebensfähig sein und sogar ein hohes Alter erreichen (Reiß 2004).

Bei Siamesischen Zwillingen kann es vorkommen, dass diese aufgrund der Verwachsung nicht lebensfähig sind oder sich nicht fortbewegen können. Jedoch sind auch Fälle bekannt, in denen Siamesische Zwillinge der Griechischen Landschildkröte erfolgreich getrennt werden konnten.

Berichte über lebensfähige Zwillingsgeburten bei Schildkröten, die durch eine vollständige Teilung der Embryonalanlage entstehen, sind sehr selten. Zwillinge sind oftmals zu schwach, um beide zu überleben, da das eine Tier häufig zu klein ist, sodass es bereits vorzeitig im Ei oder kurz nach dem Schlupf abstirbt. Obwohl Zwillinge deutlich kleiner und leichter sind als ihre Geschwistertiere, können sie aber auch durchaus lebensfähig sein (Sailer et al. 1997).

Aufzucht

DIE Griechischen Landschildkröten neigen bereits im ersten Jahr der Aufzucht sehr oft zu einer Höckerbildung, was auf Ernährungs- und Haltungsfehler zurückzuführen ist. Die Hauptgründe sind falsche oder einseitige Ernährung, z. B. überwiegend mit Obst, Salat und Gemüse, oder zu proteinreiche Fütterung z. B. mit Hunde- oder Katzenfutter. Häufige Haltungsfehler sind die Verwendung von falschem Bodengrund, eine zu trockene Haltung und zu hohe Temperaturen bei der Aufzucht. Um eine Höckerbildung zu vermeiden, muss man sich an der natürlichen Lebensweise und den Bedürfnissen der Jungtiere orientieren.

Als Aufzuchtbehälter für den Innenbereich eignen sich für etwa 4–10 Tiere am besten oben offene Behälter wie z. B. handelsübliche 40–100 cm lange Glasaquarien oder Plastikwannen. An einer Holzabdeckung, die etwa ein Drittel des Behälters abdeckt, kann man die erforderliche Beleuchtungstechnik installieren (Grundbeleuchtung mit z.B.

Während eines Bades trinken die Jungen meist ausgiebig. Foto: M. Schardt

Erfahrungsberichte anderer Halter und interessante Besonderheiten, wie dieser Schlupf siamesischer Zwillinge der Griechischen Landschildkröte, erfährt man aus Fachzeitschriften. Foto: H. Pyczak

für Herpetologie und Terrarienkunde e. V., die sich als derzeit weltgrößte Organisation auf diesem Fachgebiet mit Reptilien und Amphibien beschäftigt (www.dght.de). Im Mitgliedsbeitrag sind u. a. mehrere Fachzeitschriften, darunter auch RADIATA, die sich ausschließlich mit Schildkröten beschäftigt, sowie ein Anzeigenjournal mit zahlreichen Tierangeboten und -gesuchen enthalten. In der DGHT gibt es die AG Schildkröten (www.agschildkroeten.de), die mehrere regionale Veranstaltungen organisiert, teils mit einem Schwerpunkt auf Europäische Landschildkröten, und die vierteljährlich die RADIATA herausbringt sowie den Mitgliederrundbrief MINOR. In der Schweiz gibt es die Schildkröten-Interessengemeinschaft Schweiz (www. sigs.ch), die die dortigen Schildkrötenfreunde vereint und die Zeitschrift TESTUDO verlegt. Österreich hat aktuell mehrere Organisationen; als Beispiel seien die Internationale Schildkröten Vereinigung (www.isv.cc) erwähnt, die ihre Mitglieder in der Publikation SACALIA mit Fachbeiträgen informiert, sowie die Österreichische Gesellschaft für Herpetologie (ÖGH). Natürlich gibt es auch in anderen Nationen Schildkröten-Vereinigungen: So existiert beispielsweise in den Niederlanden die Nederlandse Schildpadden Vereniging (www. trionyx.nl). Allen Vereinigungen gemein ist die Tatsache, dass ihre Mitglieder nicht nur für die Haltung und Vermehrung von Schildkröten sorgen, sondern sich auch aktiv für den Arten- und Naturschutz einsetzen. Sie unterstützen Hilfsprojekte, koordinieren Zuchtprogramme und bringen den Menschen die faszinierende Welt der Schildkröten näher.

DGHT e. V.
Postfach 1421
53351 Rheinbach
Tel.: 02225-703333
www.dght.de,
E-Mail: gs@dght.de

Zeitschriften

REPTILIA, TERRARIA
Terraristik-Fachmagazine, erscheinen je sechs Mal jährlich, jeweils mit RepTV, die Kleinanzeigen- und Fernsehzeitschrift für Terrarianer
Natur und Tier - Verlag GmbH; An der Kleimannbrücke 39/41; 48157 Münster; Tel.: 0251-13339-0; E-Mail: verlag@ms-verlag.de; www.ms-verlag.de

MARGINATA
Schildkröten-Fachmagazin, erscheint vier Mal jährlich
Natur und Tier - Verlag GmbH, s. o.

DRACO
Terraristik-Themenheft erscheint vier Mal jährlich
Natur und Tier - Verlag GmbH, s. o.

Sauria
Terraristik und Herpetologie, erscheint vier Mal jährlich
Terrariengemeinschaft Berlin e. V., Bruno Treu, Christstr. 30, 14059 Berlin
www.sauria.de;
E-Mail: abo@sauria.de

DATZ – Die Aquarien- und Terrarien-Zeitschrift
Erscheint monatlich
Verlag Eugen Ulmer, Wollgrasweg 41, 70599 Stuttgart, Fax: 0711-4507120, www.datz.de

Artenschutzfragen

Bundesamt für Naturschutz
Artenschutzvollzug
Konstantinstr. 110
53179 Bonn
Tel.: 0228-8491-1311
E-Mail: citesma@bfn.de
www.bfn.de

Untersuchungsstellen

Kotproben, Sektionen und andere Untersuchungen können von spezialisierten Tierärzten oder von veterinärmedizinischen Untersuchungsstellen, die es in vielen Städten gibt, vorgenommen werden. Eine Liste mit Tierärzten, die sich mit Reptilien und Amphibien beschäftigen, kann über die DGHT bezogen oder auf www.dght.de eingesehen werden. Überregional bekannt sind z. B. folgende Einrichtungen:

- Universität München,
Institut für Zoologie,
Fischereibiologie und
Fischkrankheiten der
tierärztlichen Fakultät,
Kaulbachstr. 37
80539 München
Tel.: 089-2180-2687
E-Mail: office@zoofisch.vetmed.uni-muenchen.de
www.vetmed.lmu.de/zoofisch/

- Exomed
Erich-Kurz-Str. 7
10319 Berlin
Tel.: 030-5112008
E-Mail: labor@exomed.de
www.exomed.de

- Chemisches und
Veterinäruntersuchungsamt
Ostwestfalen-Lippe
Westerfeldstr. 1
32758 Detmold
Tel.: 05231-9119
E-Mail:
poststelle@svua-detmold.nrw.de
www.cvua-owl.nrw.de

- Vet Med Labor GmbH
Mörikestraße 28/3
71636 Ludwigsburg
Tel.: 01802-838633
E-Mail: info@vetmedlabor.de
www.vetmedlabor.de
(für privat nur über Ihren Tierarzt)

Weiterführende und verwendete Literatur

DIESES Buch in der Reihe „Art für Art" kann nur einen ersten kleinen Überblick über die Griechische Landschildkröte, ihre Biologie und ihre Ansprüche an die Haltung und Vermehrung geben. Jedem Tierhalter ist sehr zu empfehlen, sich intensiver mit seinen Pfleglingen zu beschäftigen. Eine Auswahl weiterführender Literatur finden Sie in der folgenden Aufstellung.

A. Bücher

Dennert, C. (2001): Ernährung von Landschildkröten. – Natur & Tier Verlag, Münster, 144 S.

Kirsche, W. (1997): Die Landschildkröten Europas. – Mergus Verlag GmbH, Halle, 104 S.

Mayer, R. (1992): Europäische Landschildkröten. – AVA, Agrar Verlag, Allgäu-Kempten, 128 S.

OBST, F.J. & W. MEUSEL (1978): Die Landschildkröten Europas und der Mittelmeerländer. – 6. Auflage, Die neue Brehm Bücherei Nr. 319, A. Ziemsen Verlag, Lutherstadt, 72 S.

ROGNER, M. (2005): Griechische Landschildkröten. – Natur und Tier Verlag GmbH, Münster, 160 S.

VINKE, T. & S. VINKE (2004): Vermehrung von Landschildkröten. – Herpeton, Offenbach, 189 S.

VOGEL, S. (2000): Futterpflanzen für Landschildkröten. – L. Struckmann Verlag, Linden, 44 S.

WEGEHAUPT, W. (2003): Die natürliche Haltung und Zucht der Griechischen Landschildkröten. – Wegehaupt Verlag, Klessbronn, 224 S.

WILMS, T. (2004): Die Steppenschildkröte *Testudo horsfieldii*. – Natur & Tier - Verlag, Münster, 61 S.

ZIRNGIBL, R. (2000): Griechische Landschildkröten. – bede-Verlag, Ruhmannsfelden, 95 S.

B. Artikel

DENNERT, C. (1999a): Ernährung Europäischer Landschildkröten. Teil 1. – REPTILIA 4(3): 32–39.

– (1999b): Ernährung Europäischer Landschildkröten. Teil 2. – REPTILIA 4(4): 51–58.

– (2000): Verwendung von Heucobs als Ergänzungsfutter für Landschildkröten. – DRACO 1(2): 52–55 .

EHRENGART, W. (1976): Brutanlage für Schildkröten-Eier. – Salamandra 12(19): 27–31.

FISCHER, S. & M. HOMUTH (2006): Herpesvirusinfektion bei Landschildkröten – Erkrankung, Diagnose und Prophylaxemöglichkeiten. – REPTILIA 11(1): 56–63.

HERZ, M. (2002): *Testudo hermanni boettgeri* MOJSISOVICS, 1889 in Norddalmatien. – Sauria 24(4): 19–22.

HERMANN, E. (1990): *Testudo hermanni*, GMELIN. – Sauria, Suppl., 14(2): 19–22.

Adultes Weibchen beim Sonnen Foto: M. Schardt

Unterschiedliche Farb- und Zeichnungsvarianten der Griechischen Landschildkröte Foto: M. Schardt

HOFFMANN, R. & M. BAUR (1999): AGROBS – Biofutter für Landschildkröten. – Die Schildkröte: 24–25.

HOLFERT, H. & T. HOLFERT (1999): Europäische Landschildkröten im Freilandterrarium. – REPTILIA 4(3): 24–31.

JUNGNICKEL, J. (1986): Bemerkungen zur Problematik der Höckerbildung bei der Aufzucht von Schildkröten. – Sauria 8(1): 19–22.

NEUMANN, A. (2004): *Testudo hermanni* – Schlupf in freier Natur in Deutschland. – elaphe N.F. 12(3): 41–42.

REIß, G. (2004): Doppelköpfiger Schlüpfling einer *Testudo hermanni boettgeri*. – elaphe N.F. 12(2): 46–49.

SAILER, A., C. PYCZAK & K. HARTMANN (1997): Siamesische Zwillinge bei *Testudo hermanni boettgeri*. – herpetofauna 106: 12-13.

SIMON, K. (2000): Planung und Bau einer Freilandanlage für Europäische Landschildkröten. – DRACO 1(2): 42–47.

THIERFELDT, S. & S. HÖFLER-THIERFELDT (2002): Überwinterung von Schildkröten im Kühlschrank. – Radiata 11(4): 42–44.

VOGEL, S. (2005): Futterpflanzen für Landschildkröten. – MARGINATA 2(2): 35–41.

WENNING, J. (2004): *Testudo hermanni* – Schlupf in freier Natur in Deutschland. – elaphe N.F. 12(3): 43–44.

WESER, R. (1988): Zur Höckerbildung bei der Aufzucht von Landschildkröten. – Sauria 10(3): 23–25.

WIECHERT, J. (2000): Die mediterrane Landschildkröte in der tierärztlichen Praxis. – DRACO 1(2): 60–71.

WILMS, T. & B. LÖHR (2000): Hinweise zur Überwinterung mediterraner Landschildkröten. – DRACO 1(2): 56–59.

Griechische Landschildkröte im Habitat
Foto: B. Trapp

Literatur vom NTV

Jede Menge Antworten auf Fragen rund um Ihr Hobby

Ernährung von Landschildkröten

C. Dennert

144 Seiten, 113 Farbfotos,
17 Grafiken, 27 Tabellen
Format: 16,8 x 21,8 cm
ISBN 978-3-931587-53-6

Preis: 19,80 €

Griechische Landschildkröten (*Testudo hermanni hermanni, T. h. boettgeri, T. h. hercegovinensis*)

M. Rogner

168 Seiten, 141 Farbfotos
Format: 16,8 x 21,8 cm
ISBN 978-3-937285-44-3

Preis: 19,80 €

Die Breitrandschildkröte (*Testudo marginata*)

M. Rogner

ca. 128 Seiten, zahlreiche Abbildungen
Format: 16,8 x 21,8 cm
ISBN 978-3-937285-46-7

Preis: 19,80 €

Besuchen Sie uns auf www.ms-verlag.de